DIX-NEUVIÈME MILLE

# GASTON MERY

# LA VOYANTE

### ET LES

## Apparitions de Tilly-sur-Seulles

*Édition illustrée*

## Quatrième Fascicule

## PARIS

### E. DENTU, ÉDITEUR

3 ET 5, PLACE DE VALOIS, PALAIS-ROYAL

CHAMP DE L'APPARITION DE TILLY-SUR-SEULLES
d'après un cliché de Bréchet, photographe à Caen

GASTON MERY

# La Voyante de la Rue de Paradis

ET LES

## APPARITIONS DE TILLY-SUR-SEULLES

QUATRIÈME FASCICULE

Ce n'est pas, comme on pourrait le croire, par un procédé purement artificiel, et pour forcer l'attention publique, que je rapproche, sur le titre de cet opuscule, les phénomènes constatés à Tilly-sur-Seulles des phénomènes constatés rue de Paradis.

C'est parce que l'enquête impartiale — mais passionnée cependant — que j'ai faite sur les uns et sur les autres m'a permis de découvrir entre eux un rapport intime et immédiat.

Ce rapport, j'essaierai de le déterminer plus tard Je commence par exposer les faits.

I

**A Tilly. — L'arbre miraculeux. — M. Yon. — La nuit au champ. — Marie Martel. — A l'école des sœurs. — Les premières apparitions. — Au presbytère. — Louise Polinière. — La vision de M. L... — Zénaïde Brot. — M. le curé doyen. — M. le maire. — A table d'hôte. — Les miracles.**

Les apparitions de Tilly ont commencé le 18 mars dernier. M^lle Couédon, devant plusieurs personnes, les avait annoncées depuis quelque temps déjà. Elle m'en avait parlé à moi-même, dès ma première visite, le 13 mars. Je n'avais pas attaché, sur le moment, une grande importance à cette prédiction : je ne savais même pas alors si le bourg de Tilly existait. Ce n'est que quelques jours plus tard, en lisant les journaux qui rendaient compte des merveilleuses visions, que les paroles de la Voyante me revinrent à la mémoire. Je me rappelai également qu'elle m'avait annoncé que la Vierge apparaîtrait de nouveau à Lourdes et, prochainement, *de ce côté*, c'est-à-dire à Paris même ou aux environs. La première partie de la prédiction s'est réalisée. Nous verrons s'il en sera de même de la seconde.

Quoi qu'il en soit, dès que je le pus, je partis pour Tilly. C'était dans les derniers jours de mai. Et voici mes impressions à la bonne franquette et sans arrière-pensée :

Le plus simple, pour se rendre à Tilly, c'est de

prendre le train à la gare Saint-Lazare, et de descendre à la station d'Audrieu, à 'quelques lieues de Caen.
Là, vous trouvez la guimbarde de l'obligeant M. Morel, patron de l'auberge Saint-François, qui, en une
demi-heure, vous conduit à destination. Le trajet, en
voiture, par cette saison, est une véritable promenade
en paradis. La route est bordée de jardins et de haies
en fleurs. Il flotte dans l'air je ne sais quelle odeur
sucrée et fraîche. Avec cela, un paysage exquis, gras,
vert, où les champs de céréales alternent avec les
pâturages, et où partout neigent les pommiers.

Vous traversez la Seulles au bord de laquelle s'agi-
tent des lavandières, et vous atteignez le bourg.' Le père
Morel vous débarrasse de votre valise, vous indique
votre chambre — et, libre, vous faites immédiatement
comme tous les pèlerins : vous courez au *Champ*.

Le *Champ*, c'est un vaste carré d'avoine, situé sur un
plateau qui domine tous les environs. Vous y arrivez
par des chemins ombreux, bordés d'aubépine. Déjà,
deux ou trois baraques en 'toile y sont installées ; on
y vend des photographies, des statuettes de la Vierge,
des cierges.

Le Champ a peut-être cent cinquante mètres de
large sur trois cents mètres de long. A l'entrée, sur
un poteau on lit : *On ne blasphème pas ici*. Là-bas,
dans le fond, vous apercevez un arbre ébranché, long,
penché, qui émerge de la haie. C'est l'orme miraculeux, l'orme autour duquel ont lieu les apparitions.
Sur un large espace, le terrain est battu, durci. Avancez. Vous apercevez quelques hommes en blou-
ses, chapeau bas. Quelques femmes, en bonnet 'plat,
agenouillées. Avancez encore, et notez bien tous les
détails touchants du décor que vous avez sous les
yeux.

Au pied de l'orme, une statue de la Vierge étend les bras. A droite et à gauche deux tableaux naïfs, dans des cadres de bois.

Cela forme comme un autel rustique, qui a pour fond le ciel bleu.

Devant cet autel improvisé, on a creusé un fossé. Aux parois sont accrochés des bouquets, des ex-voto, des chapelets, des images.

Des cierges, plantés en terre, brûlent.

Une barrière, faite de planches, de fils de fer, de poteaux reliés tant bien que mal, protège l'arbre contre la pieuse avidité des visiteurs qui l'ont déjà dépouillé de son écorce jusqu'à mi-hauteur...

C'est là que, depuis deux mois, des milliers et des milliers de pèlerins se sont prosternés ; là que la Vierge s'est montrée, quelquefois à des foules, plus souvent à de rares privilégiés...

La nuit vient. Je retourne au village. Des cloches sonnent l'*Angelus*. Je rencontre, chemin faisant, des paysans hâlés qui me saluent comme si j'étais du pays. Tous ont la mine franche. On les sent heureux de vivre et simples. Nulle part, d'ailleurs, on n'aperçoit dans le bourg trace de misère. Les maisons sont blanches avec des toits en ardoise. Tout est clair autour de moi, les murs, les visages, et même la nuit...

En attendant le dîner, je fais la connaissance d'un voisin de l'auberge, un quincaillier, M. Yon. C'est un homme de trente-cinq ans, robuste, d'un grand bon sens et très considéré dans le village.

Je lui demande s'il a vu l'apparition, et voici ce qu'il me conte :

— J'étais le plus incrédule des hommes et je plaisantais tous ceux qui prétendaient avoir *vu*. Or, un soir, le 8 avril dernier, je me rendis au Champ, pour accompagner quelques amis. Arrivé près du poteau, je me suis arrêté pour achever le cigare que j'étais en train de fumer. Mes amis continuèrent leur chemin et je les vis de loin s'agenouiller pour dire leur chapelet. Quelques instants plus tard, j'allai les rejoindre — quand j'entendis conter qu'une personne voyait la Vierge. Je m'approchai d'elle. Je restai à ses côtés plus d'une heure — et je me disposais à m'éloigner, persuadé que cette personne était comme moi et ne voyait rien, quand (il était dix heures et demie environ), me retournant du côté de la haie, il me sembla qu'un petit arbre voisin de l'ormeau, un frêne, que je distinguais très bien quelques instants auparavant, disparaissait derrière un nuage. Croyant à une hallucination, je m'approchai de la haie. Je revis le frêne. Le nuage avait disparu. Mais, à mon retour à la place que je venais de quitter, le nuage m'apparut de nouveau. Il était d'un blanc bleuté. Il avait l'aspect moutonnant de la fumée qui sort d'une cheminée de locomotive. Au centre, une forme se dessina bientôt, vague d'abord, et de face. Quand les contours en devinrent nets, elle se retourna brusquement, et je vis alors de trois quarts, une statue de la Vierge, tenant sur le bras gauche un enfant, et portant sur la tête un diadème, dont l'un des fleurons était brisé. Cette statue semblait de pierre blanche, dite de Caen, et elle était, dans certaines parties, noirâtre et comme terreuse... Une grosse émotion, je ne vous le cache pas, s'empara de moi, j'enlevai mon chapeau, je tombai à genoux... Je revins chez moi sans parler, avec une grande envie de pleurer, mais pas de chagrin... Je ne dormis pas de la nuit... Depuis ce jour, je ne ris plus des apparitions.

— Et vous fûtes seul à apercevoir cette statue de la Vierge?

— A apercevoir la statue, oui. Mes compagnons ne virent que le nuage, très lumineux dans la nuit.

C'est le soir surtout que les habitants de Tilly et des villages environnants vont au Champ. Qui dira la poésie pénétrante de ces pèlerinages? Le parfum des arbres en fleurs est devenu plus enivrant. Les gazons qui bordent les sentiers étincellent de vers luisants. Un silence, une paix, une douceur enveloppe tout le paysage. Les pèlerins parlent bas, et la nature elle-même semble se recueillir...

Je suis le chemin, derrière un groupe de paysannes. Bientôt, à travers les interstices de la haie, j'aperçois au loin une lueur. Serait-ce l'apparition?...

Non, ce n'est pas l'apparition; mais le spectacle n'en est pas moins inoubliable.

Au bout du champ, j'aperçois comme un mur d'ombre, plus noir que la nuit, et dentelé capricieusement. Au centre, dans de la clarté — celle des cierges — se détache l'ormeau. Et, dans cette clarté, des centaines de silhouettes d'hommes et de femmes, les unes debout, les autres prosternées. Le vent est froid. Les hommes ont enfoncé leurs casquettes jusqu'aux oreilles, les femmes se sont emmitouflées la tête d'épais fichus...

Je m'avance. Une clameur douce et rythmée m'arrive par bouffées. J'avance encore, et me voici parmi la foule; tous les yeux sont fixés sur l'arbre, et toutes les bouches chantent :

> Vierge, notre espérance,
> Etends sur nous ton bras.
> Sauve, sauve la France
> Ne l'abandonne pas.

Huysmans qui, dans *En Route!* a décrit, d'une
façon si parfaite, la profonde poésie des chants
d'église, pourrait seul dire le charme, le charme
intense et émouvant de ces voix d'enfants, d'hommes
de la terre, de femmes, de fillettes, de vieillards
s'élevant dans le plein air, dans la pleine nuit — et à
qui la ferveur donne des accents que l'art, jamais, ne
saurait atteindre...

L'hymne s'achève en murmure. Alors, un autre
chant recommence, plus fervent encore, où il semble
que toutes les âmes jaillissent d'un même élan vers le
ciel :

*Laudate, laudate, laudate Mariam!*

Et le *Laudate* achevé, c'est une voix de fillette qui
récite les litanies. Et l'on entend, comme une brise
roulant sur les moissons vertes, le murmure ininter-
rompu des *Priez pour nous! Priez pour nous! Priez
pour nous !*

Evoquez cette scène, je vous en prie. Je me sens
incapable de la décrire. Imaginez le décor de ce
champ immense, de ces cierges, de ces arbres, de ce
ciel étoilé, du grand silence enveloppant...

Entre deux cantiques, je viens d'apercevoir, près
d'une petite vieille, une jeune fille blonde, vingt ans
peut-être. On me dit : « C'est Marie Martel, en ce moment elle voit... »

Je l'examine. Une demi-heure durant, je ne la
quitte pas des yeux. Elle est debout, la tête haute, le
regard dirigé vers le faîte de l'arbre, les lèvres en-
tr'ouvertes. Ses mains sont jointes. Elle ne bouge
pas.

Ses traits semblent figés. Ses paupières ne s'abaissent jamais. Une étrange expression de béatitude rayonne sur son visage, qui se crispe cependant au coin gauche de la bouche.

Elle me semble en catalepsie. Je m'approche d'elle. Je soulève un de ses bras. Le bras cède, sans trop de résistance. Mais je pince le poignet fortement. Aucun mouvement. Je pince plus fortement encore. Même insensibilité.

Je n'ose prolonger l'expérience. On me prend sans doute pour un mauvais plaisant.

Plusieurs femmes, d'ailleurs, entourent la visionnaire, l'interrogent. Elle ne répond pas. Au bout de trois quarts d'heure seulement d'extase, elle parle...

— Vous voyez ?

— Oui.

— Depuis quand ?

— Quasiment depuis que je suis arrivée.

— Comment elle est, la Vierge ?

— Elle est en blanc, avec une ceinture bleue. Ses bras sont étendues. Elle tient des rayons dans ses mains. Elle sourit.

Cela est dit d'une voix voilée, un peu plaintive, d'une douceur infinie.

Une femme murmure :

— Dites-lui qu'elle nous bénisse.

Et Marie Martel, toujours extasiée :

— Ma bonne mère, bénissez la foule qui vous aime.

Une autre femme demande :

— Demandez à la Vierge qu'elle guérisse mon enfant.

Et la jeune fille blonde répète :

— Ma bonne mère, guérissez l'enfant pour lequel je vous implore.

La voix est de plus en plus douce, comme la voix d'une âme en allée, d'une âme ravie en l'au-delà...

Soudain, elle dit :

— Notre bonne mère s'en va...

— De quel côté ? interroge un laboureur.

— Elle monte...Elle monte... Elle atteint la cime de l'arbre... Elle disparaît...

Alors les chants recommencent. On entend sonner minuit, à l'horloge de l'église prochaine... Quelques-uns des pèlerins s'en vont ; **mais** le plus grand nombre reste... A deux heures du matin, dans le champ tout noir maintenant car les cierges se sont consumés, on prie encore...

Je vois **sourire** les sceptiques. « Votre **M**. Yon, me diront-ils, a eu une hallucination tout simplement. Quant à Marie Martel, c'est une hystérique qui s'auto-suggestionne. Tout cela, débarrassé du décor, dégagé de la mise en scène, est, au fond très banal. Vous voudriez nous en faire accroire, si vous nous affirmiez qu'il y a du surnaturel là-dedans ! »

Eh bien ! je n'en fais pas mystère. Tout impressionné que je fusse par la grande poésie du spectacle auquel je venais d'assister, je me faisais des réflexions analogues en rentrant à l'auberge du brave M. Morel. Et si j'étais reparti incontinent pour Paris, il est probable que je n'eusse gardé de mon séjour à Tilly, que le souvenir, purement artiste, d'une scène touchante dans un décor merveilleux.

Mais ce que je vis et ce que j'appris par la suite modifia complètement cette impression première.

Ce sont, vous le savez sans doute, les fillettes de l'école des Sœurs, et les Sœurs elle-mêmes qui, les premières, ont vu l'apparition.

Dès le lendemain matin, je me rendis donc à l'école des sœurs.

A la sortie du village, sur la route de Bayeux, au fond d'une cour sablée, un petit bâtiment, flanqué de deux ailes...

Dans l'aile de gauche, la classe des grandes. Dans l'aile de droite, la classe des petites. Par les vastes baies ouvertes, m'arrivent des voix enfantines. On récite les leçons.

Me voici près de la porte. Je veux sonner. Il n'y a pas de sonnette. Une chaîne cadenassée maintient les deux battants. Je frappe. J'appelle. Enfin, on vient.

— Ma Sœur, ne pourrais-je obtenir d'être reçu par vous quelques minutes?

— Monsieur, on nous a défendu...

— Eh bien ! là, à travers le grillage de la porte, ne pourriez-vous me conter comment la Sainte Vierge vous est apparue?

— Monsieur, je voudrais bien... Mais, je vous dis, on nous a défendu..., et on ne peut pas aller contre l'obéissance !

Je me retire, sans insister. Mais un habitant du bourg qui a assisté de loin au dialogue m'accoste, et s'offre à me donner tous les renseignements que je puis désirer. Bien entendu, j'accepte. Et je note, séance tenante, son récit sur mes tablettes. Le voici :

— Le 18 mars dernier, la supérieure faisait réciter la prière aux enfants. « C'est demain, leur disait-elle, la fête de saint Joseph. Si vous êtes bien sages, la bonne Vierge vous en récompensera. » « La bonne Vierge, fit une des fillettes qui était tournée vers la fenêtre, regardez là-bas, je la vois! » Toutes les enfants regardent dans la direction que leur indique leur petite camarade et toutes s'écrient: « Je la vois! » La religieuse incrédule, veut rétablir l'ordre. Mais les fillettes continuent à se bousculer pour voir.

La religieuse s'approche de la fenêtre. Et, à son tour, elle voit — elle voit, là-bas, à plus d'un kilomètre dans les champs, à côté d'un grand arbre, une image de la Vierge Immaculée, mains étendues, vêtue de blanc, au milieu d'une grande clarté et d'un ovale bleu que les nuages semblent respecter.

On appelle les enfants de la classe voisine. Elles arrivent avec les deux autres religieuses. Et toutes voient -- soit : soixante personnes environ.

On récite un chapelet. Plus on prie, plus l'apparition, est radieuse. Elle avait commencé à 4 heures 1/4, elle ne disparut qu'à 5 heures 1/2.

Les Sœurs, ne pouvant croire encore à une manifestation divine, ou craignant qu'on ne se moquât d'elles, recommandèrent aux écolières de garder le secret sur ce qu'elles avaient vu.

Mais comment obtenir le silence de soixante fillettes! D'ailleurs, le 24 mars, veille de l'Annonciation, à la même heure que la première fois, le même coin de ciel s'éclaira de nouveau. La vision dura jusqu'à six heures. Le lendemain de la fête, même apparition, mais si brillante que les fenêtres de la classe semblent illuminées.

Soudain, d'une seule voix, toutes les fillettes s'écrient :

— Notre bonne mère joint les mains.

Et, instinctivement, toutes joignent les mains.

Le jeudi, jour de congé, pas d'apparition, malgré le chapelet récité par les pensionnaires et les maîtresses.

Le vendredi, jour de la Compassion, après le premier chapelet, rien encore. Mais, au commencement du second, une des Sœurs qui, tout en voyant, ne voulait pas croire à la présence réelle de la Vierge, fut, par une force invincible, obligée de se tourner du côté de l'apparition. Elle jeta un cri : « La voilà! » Au même moment, les enfants s'exclamèrent : « La Sainte Vierge a du sang sur le côté gauche. » C'était vrai pour toutes. Une tache rouge était très distincte sur le vêtement blanc, à la place du cœur.

Le samedi, l'apparition dura pendant toute la classe de l'après-midi.

Ce jour-là, les Sœurs — un peu émues des commentaires qu'on faisait sur leur compte — voulurent faire constater par plusieurs habitants du bourg, que ni elles ni les enfants ne rêvaient. Sept personnes furent admises dans la classe. Elles prièrent avec les enfants et virent l'apparition pendant la récitation de tout le chapelet. A un certain moment, la Vierge joignit les mains, comme les autres jours. Tous les assistants le remarquèrent. Parmi ces assistants, il y avait M$^{me}$ Le Jamtel, la femme du maire.

Le dimanche des Rameaux, M$^{me}$ Duclos et sa nièce, M$^{lle}$ Hélène Régnier, virent l'apparition. Il était neuf heures du matin. De l'école, à la même heure, on la vit également.

Tous les jours suivants, le même spectacle se renouvela jusqu'au Jeudi-Saint.

Le mardi, 31 mars, l'apparition fut plus brillante que jamais. Et, ce jour-là, à l'école, l'émotion fut telle que tout le monde pleura.

Et tout en me faisant ce récit, mon interlocuteur me montre, de l'autre côté de la Seulles, là-bas, tout là-bas, par-dessus les pâturages, par-dessus le village, par-dessus les coteaux, dans une échancrure que font les frondaisons moutonnantes, une grêle silhouette d'arbre, à peine distincte, dans laquelle, je reconnais l'ormeau miraculeux.

L'obligeant villageois me paraissait d'une bonne foi
absolue. Pourtant son témoignage pouvait être erroné.
Il ne parlait que par ouï-dire.

Mais je savais que le curé-doyen de Tilly avait été
chargé par Mgr l'évêque de Bayeux, de faire une étude
approfondie des phénomènes constatés dans sa paroisse. Et comme, justement, je devais, ce jour-là, lui
rendre visite, je me promis de lui demander si j'avais
été exactement renseigné.

Le presbytère est situé derrière l'église, sur un
coteau qui domine tout le village. Il est impossible
d'imaginer un coin de solitude plus propice à la rêve-
rie que ce presbytère. La maison disparaît à demi
sous la verdure. Le jardin — est-ce bien un jardin?
— est entretenu à peine, ou, si vous préférez, savam-
ment inentretenu : ce ne sont que hautes futaies,
voûtes ombreuses, pelouses verdoyantes. Les allées
ressemblent à des corridors de cloître dont les mu-
railles seraient faites de feuillage. Et avec cela, quel
silence! Quel recueillement!

Je trouve M. le curé-doyen de Tilly occupé à écrire
dans sa salle à manger. On a fermé les volets des
fenêtres. Je l'aperçois, tout d'abord, dans la pénom-
bre.

Il vient à ma rencontre. Il est grand, robuste, l'air
bienveillant et calme. Ses yeux bleus, d'un bleu d'une
limpidité extrême, laissent voir jusqu'au tréfond de son
âme, toute de dévouement, de simplicité et de foi.

Il semble, tout à la fois, heureux et inquiet de ma
visite. Heureux, parce que je vais lui parler de Dru-
mont, qu'il aime, qu'il admire comme tous les bons
prêtres de campagne, que les livres ou les articles du
directeur de la *Libre Parole* ont si souvent consolés.
Inquiet, parce que je suis journaliste, c'est-à-dire,
selon lui, indiscret par profession, et que, ne me con-

naissant que de nom, il se demande jusqu'à quel point la prudence lui permet de parler devant moi à cœur ouvert.

Nous causons quelques instants de choses et d'autres. Je sens qu'il me sonde ; mais sans doute son examen lui a donné confiance, car il me dit :

— Je vais faire pour vous ce que je n'ai fait pour personne autre... Mais promettez-moi de ne pas me mettre en cause, de ne pas répéter ce que je vais vous dire.

Bien entendu, je me refuse à donner cette promesse :

— Comme il serait vraisemblable, Monsieur le curé, que je fusse venu à Tilly sans vous demander ce que vous pensez des apparitions?

Il insiste cependant. Mais moi je m'obstine. Et finalement, nous convenons que je ne dirai rien de ce qu'il *pense* des apparitions, mais que j'aurai un peu plus de liberté pour rapporter ce qu'il en *sait*.

Pour commencer, il me certifie absolument exact le récit qu'on a lu plus haut de ce qui s'est passé depuis le 18 mars à l'école des Sœurs.

— Ces bonnes Sœurs, ajoute-t-il, se croyaient si indignes d'une telle faveur de la part de la Sainte-Vierge, et avaient une telle crainte qu'on ne les accusât de je ne sais quelle pieuse supercherie, qu'elles m'ont laissé ignorer les apparitions pendant plus de cinq jours.

Je lui demande alors :

— Ferais-je preuve d'une curiosité importune en vous demandant communication des dépositions et des renseignements que, paraît-il, vous avez recueillis, sur l'invitation de Mgr l'évêque de Bayeux.

— Oh! me dit-il... Je ne puis pas... Mais si vous voulez, quand votre enquête sera terminée, j'en con-

trôlerai les résultats avec ceux de la mienne. Je ne
vous apprendrai rien de plus que ce que vous aurez
découvert par vous-même, mais je vous préviendrai
des erreurs que vous aurez pu commettre.

Et, de fait, avant mon départ, je revis M. le curé
qui voulut bien prendre connaissance des témoi-
gnages que j'avais enregistrés — de sorte que je puis
assurer à peu de chose près conforme au sien le petit
travail de récapitulation que je mettrai tout à l'heure
sous les yeux du lecteur.

Mais, parmi toutes les personnes qui ont vu ou qui
ont cru voir la Vierge, celle qui intéresse le plus vive-
ment le doyen du canton de Tilly, c'est la petite Louise
Polinière.

Du 18 mars au 31 mars, l'apparition ne fut visible
qu'à une grande distance, et seulement de l'école des
Sœurs. Il n'était encore venu à quiconque l'idée de
déterminer, d'une façon précise, le point où elle était
située. On avait bien remarqué qu'elle se manifestait
toujours au même endroit, à la droite ou à la gauche
d'un arbre isolé; mais on n'avait pas recherché où,
exactement, était situé cet arbre qu'on apercevait au-
dessus et au milieu de diverses masses de frondaisons.

Or, le 1ᵉʳ avril, Louise Polinière, qui est servante
de ferme chez Mᵐᵉ Travers, fut comme poussée vers le
lieu qu'on a appelé plus tard le Champ, où une force
inconnue la fit tomber à genoux. Et ce fut seulement
quand le bruit de sa vision se fut répandu que l'on
constata que l'arbre au pied duquel elle avait eu cette
première extase était le même que celui qu'on apercevait de l'école des Sœurs.

N'était-ce pas là un commencement de preuve en
faveur de l'*extériorité* des apparitions?

Voici, d'ailleurs, le récit de ma visite à Louise

Polinière. On y remarquera, entre autres choses, combien, de son propre aveu, l'attitude de cette enfant, au moment où elle voit, diffère de celle de Marie Martel.

J'ai trouvé la petite servante, assise dans un coin de la salle commune de la ferme, en train de repriser des bas. C'est une enfant de treize ans, très obéissante, très laborieuse, très dévouée à ses maîtres. Elle est d'une naïveté déconcertante, mais point sotte cependant. Ses yeux honnêtes et vifs, sont couleur d'écorce d'arbre, comme ceux des bêtes qui vivent dans les bois. La peau de ses joues est tannée par le vent. Ses cheveux raides sont peignés à la chinoise. Elle est vêtue de loques rapiécées. Elle a aux pieds de gros souliers ferrés. Sous cette rude enveloppe de paysanne, le curé m'a affirmé qu'il y avait une belle âme. Je le crois.

Tout d'abord, elle a refusé de me répondre.

— Ceux qui sont venus m'interroger ne m'ont fait dire que des menteries dans leurs journaux.

— Tu sais donc lire ?

— Ah ! mais non... on me les a lus.

J'insistai ; elle me dit :

— C'était le mercredi saint... Il était quatre heures et demie. J'allais au champ, je ne sais pas pourquoi... Tout d un coup. au milieu, je me suis arrêtée... J'pouvais plus *bougi*... J'tombai à genoux... C'était plus fort que moi... Alors, je dis un chapelet. Pendant que j'récitais la deuxième dizaine, la bonne Vierge m'a apparu, pas dans un nuage... Ah ! mais non... Voilà : comme les premières communions, mais avec une ceinture bleue et un diadème d'or... Elle avait sa petite Bernadette à côté d'elle, à genoux.

— A quel endroit était la Vierge ?

— Je l'ai vue au pied de l'arbre, donc, avec sa Bernadette itou.

— Était-elle jolie ?

— J'connais personne d'aussi gentil que la bonne Vierge. Ah ! mais non.

— Et tu l'as vue souvent ?

— Que oui !

— Comment apparaît-elle chaque fois ?

— Elle semble sortir de terre... puis quand elle s'en va, elle s'élève le long de l'arbre, puis plus haut, plus haut, jusqu'au ciel...

— Tu ne lui as jamais parlé ?

— Non, ça ne m'intimide pas ; mais j'ai pas la hardiesse.

— Et la Vierge, elle, n'a pas parlé ?

— Ah ! mais non...

— On dit qu'elle t'a déclaré qu'elle voudrait qu'une chapelle lui fût élevée dans le pays.

— Ah ! mais non... Elle n'a pas dit ça... Elle n'a jamais parlé.

Tout en me répondant, Louise Polinière continue de repriser son bas. De temps en temps, elle me jette un regard défiant. Pourtant je persiste à interroger :

— La Vierge est-elle apparue toujours dans la même altitude ?

— Des fois je l'ai vue, comme je vous dis ! avec sa petite Bernadette ; d'autres fois avec l'enfant Jésus dans ses bras ; une fois au milieu d'une grille en fer peinte en rouge. Il y avait un homme à côté d'elle... Il avait de la barbe... C'était peut-être saint Joseph... Une fois aussi je l'ai vue avec un ruban déroulé sous les pieds... Sur le ruban, il y avait ces mots en lettres d'or : « Immaculée Conception. »

— Je croyais que tu ne savais pas lire ?

— J'sais lire tout de même les grosses lettres.

— Et les autres fois ?

— Une fois elle avait une corbeille de fleurs... Une fois encore, elle avait une colombe sur le bras gauche,

Le jour de l'Ascension, j'ai vu, à côté d'elle, un calvaire.

— Les apparitions durent combien de temps?

Louise Polinière fait la moue. Mes questions commencent à l'impatienter.

Et, comme pressée d'en finir :

— Je l'ai vue quatre fois le jour de Pâques. Le lundi de Pâques, je l'ai vue pendant trois quarts d'heure.

— Entends-tu, et vois-tu pendant ces visions, ce qui se dit ou ce qui se passe autour de toi?

— Bien sûr... On me parle... Je réponds... même que je dis : « Priez donc... la bonne Vierge veut qu'on prie... » Et même, moi, je dis mon chapelet tout haut.

Il y a de plus en plus d'impatience dans le ton de la petite servante. Aussi, pour clore l'entretien, je demande :

— Ça te ferait peut-être plaisir de pouvoir offrir un bouquet, ou un beau cierge à la bonne Vierge ?

Elle a compris sans doute que c'est là un moyen détourné de lui offrir de l'argent. Elle rougit, me regarde avec des yeux de petit animal irrité.

— Apportez-le vous-même, votre bouquet, moi, j'veux pas d'argent... Ah ! mais non... Y aurait des gens qui diraient... ! Y en a déjà bien assez qui *m'hébètent !*...

Il suffit d'avoir vu une fois Louise Polinière pour être sûr de son absolue sincérité. Toutefois, voulant juger par moi-même de son attitude, pendant les apparitions, je lui demandai :

— Iras-tu au Champ, ce soir?

— Ce *sé,* je n'sais point. Mais demain, je l'crois ben.

Je me promis de me trouver le lendemain, au

Champ, à l'heure dite, et, en attendant, je me remis à mon enquête.

On m'avait dit que M. L..., un officier ministériel des environs, avait eu, lui aussi, une vision. Son témoignage me parut devoir être particulièrement intéressant. Je fus trouver M. L.... C'est un homme de trente-cinq ans, licencié en droit, d'esprit très pondéré, fort aimable, mais, par profession, très peu porté au mysticisme. Il me fit le plus charmant accueil et il me dit :

— Je me trouvai, le 9 avril, vers six heures du soir, avec plusieurs personnes, dans la cour de M<sup>me</sup> Travers. Tout à coup, Louise Polinière, qui était en train de traire une vache dans un herbage voisin, lâche sa bête et, comme poussée par une force irrésistible, court au Champ, en hâte, sans même gagner le chemin, en se faufilant par les brèches des haies. A ce moment, au-dessus de la cime de l'orme, nous vîmes très distinctement l'image de la Vierge. Les ondulations du voile étaient très nettes. La tête était inclinée à droite. A un certain moment, elle se retourna à gauche. Je ne pouvais en croire mes yeux. J'avais des jumelles sur moi. Je les pris, les ajustai, les dirigeai dans la direction de l'apparition. Je ne vis plus rien. Je les remis dans ma poche et alors je revis l'apparition aussi distinctement qu'auparavant. Cela dura un très long moment. J'eus tout le temps d'analyser mes sensations. Je n'étais certes pas halluciné. Je peux même vous en donner une preuve. J'avais dans une main ma canne, et dans l'autre un bouquet de verdure. Je portai le tout sur une brouette, à quinze pas de là. J'enlevai mon chapeau. Je revins à l'endroit d'où j'avais aperçu l'apparition. Je la revis comme auparavvant. Mes amis qui m'entouraient la virent comme moi. Nous nous communiquions nos impressions. L'image était la même pour nous tous. Il est impossible d'admettre que j'aie été le jouet d'une illusion.

Là-dessus, M. L... appela sa domestique.

— Je vais, d'ailleurs, vous donner une preuve, reprit-il, que, en dehors de mon cas, certaines apparitions n'ont pas été, sûrement, de simples hallucinations.

La vieille servante —Zénaïde Brot, — apparaissait.

— Racontez-nous, Zénaïde, ce que vous avez *vu*.

Et la vieille servante dit :

— C'était le jeudi-saint... J'étais allée au Champ, et je m'étais arrêtée près du poteau, pour dire mon chapelet... Alors je vis, aussi nettement que je vous vois en ce moment, deux colonnes blanches se former... Elles montaient, montaient..., puis elles se rejoignirent, décrivant un cintre.

En parlant, Zénaïde Brot élève parallèlement ses deux mains, puis elle les réunit au-dessus de sa tête. Ensuite elle tombe à genoux.

— J'étais ainsi prosternée, continue-t-elle... Alors, pendant plusieurs minutes, la Vierge, dans la position de la Vierge miraculeuse, m'apparut au fond de l'espèce de chapelle, formée par les deux colonnes.

— Or, intervint M. L..., au moment où Zénaïde avait cette vision, plusieurs personnes, avec qui, certes, elle ne s'était pas concertée, puisqu'elle ne les connaissait pas, avaient la même vision exactement à douze cents mètres de là. Cela prouve bien qu'elle n'était pas imaginaire.

On a insinué, dans certains journaux, que les habitants de Tilly voulaient exploiter la crédulité publique, et qu'ils n'avaient qu'un but, en racontant leurs visions : faire une affaire.

Mon Dieu, que les habitants de Tilly soient, au fond, très heureux du va-et-vient de la foule curieuse que le bruit mené, à leur insu d'ailleurs, autour des apparitions, a attirée dans le pays, je n'en disconviens pas ; mais c'est tout ce qu'on peut, il me semble, leur reprocher.

Si vous saviez, en effet, quelle réserve les autorités et les gros bonnets de l'endroit, hantés de la crainte qu'on ne les accuse d'arrière-pensée intéressée, apportent dans leurs réponses aux demandes de renseignements !

Je suis allé, par exemple, trouver le maire, M. Le Jamtel. M. Le Jamtel est un maire fort distingué, d'un abord charmant. Mais, au mot d'interview, son visage est devenu sévère, que dis-je ? rébarbatif.

— Non, non, je ne sais rien. Je ne veux rien dire.

J'ai tenté de vaincre ses scrupules.

— Monsieur le maire, lui dis-je en substance, c'est dans l'intérêt même de vos administrés, que vous ne devriez pas me refuser votre témoignage — votre témoignage officiel même. Songez donc à la portée qu'il aurait, au point de vue de la prospérité de votre commune. Quand je raconterai : une telle, domestique de ferme, m'a dit ceci, un tel, laboureur, m'a dit cela, le lecteur pourra sourire et penser d'eux : témoins suspects, témoins crédules ! Mais, de vous, Monsieur le maire...

Ah ! bien oui, toute mon éloquence fut usée en pure perte. Et M. le maire ne consentit à me dire ce qu'il savait que lorsque je lui eus promis, comme je l'avais promis au curé, de ne rien reproduire de notre conversation.

Tout ce que je pus obtenir, ce fut l'autorisation

d'affirmer que j'avais eu confirmation, de la bouche
même de M^me Le Jamtel, des visions qu'elle avait eues :
deux fois, de l'école des Sœurs, en même temps que
toutes les écolières ; une fois, de la ferme de M^me Travers, en même temps que M. L..., l'officier ministériel, et divers autres membres de la famille.

Chez M. Lepetit, le propriétaire du Champ, un
homme charmant encore, un des plus riches indus-
triels de la contrée, un fervent catholique, je me
heurte au même parti-pris de silence.

Que craint-il, lui, qui est absolument indépendant,
qui n'a pas à ménager des amis ou des adversaires poli-
tiques ? Il ne me le dit pas ; mais il est visible qu'il
appréhende d'être accusé, s'il affirmait la réalité des
apparitions, de vouloir donner une plus-value à sa
propriété.

— Ne parlez pas de moi, je vous en supplie.

Et c'est seulement quand, pour la troisième fois,
j'ai pris l'engagement de ne rien répéter de ce que je
vais entendre, que les choses les plus merveilleuses
me sont racontées.

Aussi, je vous le dis, en vérité, lorsque devant vous,
de mauvaises langues oseront prétendre que les habitants de Tilly ne sont que d'habiles lanceurs d'affaires,
vous pourrez, sans crainte de vous tromper, répondre
que, saperlipopette, ces habiles lanceurs d'affaires-là
n'aiment guère la publicité.

La crainte du qu'en dira-t-on ? Ma parole, on ne
ferait jamais rien, si on s'y laissait aller. Si, pour ma
part, j'y avais cédé, il y a belle lurette que j'aurais
prié mon éditeur de mettre au pilon tout ce que j'ai
écrit sur M^lle Couédon. Tenez, une anecdote personnelle en passant. Elle trouve, au surplus, sa place ici,

car elle n'est pas l'incident le moins gai de mon
voyage à Tilly.

C'était le dimanche soir. Je dînais chez le père
Morel. Il y avait une trentaine de personnes à la
table d'hôte. Deux ou trois d'entre elles seulement me
connaissaient. Les autres étaient des pèlerins, des
curieux, des bicyclistes.

Au milieu du repas, un jeune monsieur blond, qui
se vantait très haut d'être rédacteur d'un journal de
Lyon, et qui, comme on dit, cherchait à épater son
monde, se mit à parler de la Voyante de la rue de
Paradis.

Il disait être allé chez elle; mais il avouait cependant n'avoir pas été reçu. Et il exhalait son dépit,
affirmant que M$^{lle}$ Couédon qui, en personne, était
venue, à son coup de sonnette, ouvrir la porte l'avait
reconnu — et que c'était, par peur évidemment d'être
démasquée, qu'elle avait refusé de l'accueillir.

— Cependant, ajoutait-il, je l'ai vue, je l'ai examinée, et si vous voulez mon opinion : c'est une mys-
tificatrice.

Les conversations particulières s'étaient arrêtées.
Toutes les oreilles étaient tendues vers le monsieur
qui avait vu M$^{lle}$ Couédon.

Il continua :

— Elle s'entend avec un certain Paulin Méry...non...
Gaston Méry... et ils battent monnaie tous les deux,
en bernant le public. Ah! il en a gagné, ce Gaston
Méry, de la *galette*.

Alors, j'intervins :

— Beaucoup plus encore que vous ne croyez, monsieur, fis-je. Je connais un peu ce Gaston Méry qui
faisait, tout dernièrement encore, les faits-divers à la
*Libre Parole*. C'est un garçon qu'on n'estimait guère
dans la presse auparavant, mais qu'on méprise pro-

fondément depuis la publication de ses brochures. Ces brochures, en effet, au dire même de ses éditeurs, lui ont rapporté, au bas mot, trois cent mille francs. Croyez-vous qu'il s'en soit servi pour une bonne œuvre? Loin de là... Le petit fait-diversier qui n'avait pas de souliers il y a un mois, se promène maintenant en voiture de maître, et il est en pourparlers pour l'acquisition d'un des plus beaux hôtels des Champs-Élysées, l'ancien hôtel de la Païva. C'est comme je vous le dis. A Paris on est écœuré de l'ostentation de ce parvenu.

— La farce est bonne... La farce est bonne! murmura-t-il.

Et il n'osa plus lever le nez de son assiette, de tout le dîner.

A la fin seulement, il apprit qui j'étais. Il se sauva penaud, et personne ne l'a revu.

Un autre individu m'écrivait à peu près à la même époque :

— *La Voyante de la rue de Paradis* a dû vous rapporter des sommes considérables. J'ose espérer que vous ne refuserez pas de les verser à la caisse de (ici le nom d'une œuvre, prétendue philanthropique) à laquelle je m'intéresse.

Malheureusement, ce correspondant oubliait de me donner son adresse. Sans cela, je me fusse fait un plaisir de lui répondre :

— Je consens sans hésitation à faire le versement dont vous me parlez; mais, à une condition, c'est que, de votre côté, vous abandonnerez à la même œuvre le montant de tous les bénéfices réalisés par vous, dans le commerce ou dans l'industrie que vous pratiquez, depuis le jour où parut ma première brochure.

Il est bien probable qu'il aurait perdu plus que moi
dans l'aventure — car ceux qui s'imaginent que cette
publication a fait tomber beaucoup de billets de mille
dans mon escarcelle, n'ont qu'à aller interwiever l'ex-
cellent M, Richardin, à la librairie Dentu : il pourra
leur dire s'il m'én a donné plus d'un. D'ailleurs, je
l'avoue bien ingénument, il m'en eût offert dix, que je
ne les aurais pas refusés. Il me semble que ce qu'un
écrivain gagne avec ce qu'il écrit, est aussi honnête-
ment gagné que ce que le commerçant gagne avec ce
qu'il vend !

Ah ! s'il agissait d'une œuvre de parti-pris pouvant
nuire, ne fût-ce qu'à une seule personne, je compren-
drais les reproches et, les ayant compris, je porterais
dorénavant un cilice ; mais, je vous le demande, était-
il possible de donner avec plus d'impartialité que je
ne l'ai fait la parole aux opinions les plus contradic-
toires ; était-il possible de se montrer plus soucieux de
la seule vérité que je ne l'ai été ? J'ajoute qu'en agis-
sant, ainsi j'ai conscience d'avoir fait une œuvre utile.
J'en ai d'ailleurs, pour preuve, les lettres trop élo-
gieuses que tant de lecteurs m'ont adressées et qui,
Dieu merci, sont infiniment plus nombreuses que les
épîtres d'injures anonymes.

Mais arrêtons là une digression déjà trop longue.
Elle prouve du moins, que si on écoutait les propos des
jaloux ou des imbéciles on passerait sa vie à se croiser
les bras.

Elle a aussi un autre intérêt : c'est qu'après m'avoir
servi à démontrer que l'excessive réserve des notables
de Tilly à affirmer ce qu'ils savent être la vérité dénote
peut-être un léger manque de courage, elle m'amène
tout naturellement à vous dire combien, par contre, je
trouve digne la discrétion de l'unanimité de la population du pays à cacher les miracles, ou du moins les

faits réputés tels, qu'on a constatés depuis la première apparition.

Si les habitants de Tilly avaient une arrière-pensée de lucre, la divulgation de ces miracles n'aurait-elle pas été, en effet, la meilleure carte à mettre dans leur jeu? Or, je vous le répète, ils sont sur ce point, muets.

Et il m'a fallu toutes les peines du monde pour obtenir qu'on me signalât certains exemples, tout au moins, des guérisons merveilleuses, qui se sont produites au Champ.

Je les note, sans y insister — n'ayant pas vu les malades avant leur retour brusque à la santé, et ne pouvant déterminer, par conséquent, ce qu'il y a de surnaturel, ou seulement d'extraordinaire dans leur cas.

On cite d'abord l'exemple du petit Bailly, qui était, parait-il, paralytique, et qui avait la lèpre. Le soir du 12 avril, le bruit se répandit qu'il marchait. Il marchait, en effet. Et, depuis ce temps, après une neuvaine, ses cris, ses larmes continuelles ont cessé. Il mange maintenant et il dort à merveille. Sa lèpre a disparu.

Il y a ensuite le jeune Madeleine, un garçonnet de sept ans qui était affligé, depuis cinq ans, d'une plaie purulente à la main, qu'aucun médecin n'avait pu guérir. La plaie, aujourd'hui, est à peu près guérie.

Vers la même époque, une jeune fille de Lingèvres. âgée de vingt-et-un ans, M$^{lle}$ Amand, qui avait les deux jambes paralysées fut transportée au Champ. La foule en prière la vit bientôt marcher.

Même faveur est advenue à un habitant d'Arromanches, M. Frédéric Jamet.

On m'a parlé aussi de M. Guissier, de Balleroy, que la paralysie aurait également abandonnée, à la suite d'une friction opérée avec de l'écorce de l'ormeau.

Un autre fait, dont j'ai été le témoin personnel.
Une dame, M^me R..., habitant rue Escudier à Boulo-
gne-sur-Seine, alitée depuis cinq mois, atteinte de
phlébite, m'avait prié de lui rapporter de Tilly, une
branche de l'arbre miraculeux ; à mon retour, je lui
remis la branche demandée. Le lendemain, après une
seule application sur la jambe malade, M^me R... pouvait se lever et commencer à marcher. Son médecin
n'en revenait pas.

Ces guérisons constituent-elles vraiment des miracles? Encore une fois, je ne me prononce pas. Je con-
state seulement que, parmi les pèlerins, la croyance
aux miracles est générale. C'est même à l'écorce de
l'arbre qu'on attribue le pouvoir merveilleux. Aussi le
malheureux ormeau en est-il, comme je l'ai déjà dit,
dépouillé jusqu'à mi-hauteur. Il a fallu le badigeonner
au goudron pour l'empêcher de dépérir.

Cependant le moment est venu de me rendre au
Champ. Il est neuf heures. Et Louise Polinière ne va
pas tarder à y arriver, comme elle me l'a promis, si
elle n'y est déjà.

Par les mêmes chemins ombreux et parfumés, je
gravis le coteau. La lueur, aperçue entre les haies, est
plus éclatante et plus large, que les soirs précédents.
Sans doute, plus nombreux sont les cierges qui brûlent. C'est dimanche.

Six ou sept cents personnes sont massées au pied
de l'arbre. Au prime abord, il me semble que la foule
manque un peu de recueillement. Des gens de Caen
sont venus en partie de plaisir. Il y en a qui fument.

Mais l'impression mauvaise se dissipe à mesure que
je pénètre plus avant dans la masse sombre. Autour
de moi, maintenant, malgré le vent glacé, je ne vois
que des hommes recueillis, qui, tête nue, chantent en

chœur un cantique. Parmi eux, je remarque surtout
un petit vieux, octogénaire au moins, dont les longs
cheveux couleur de cendre flottent dans toutes les
directions.

Enfin, j'arrive au premier rang. Debout, de l'autre
côté de la barrière, sur le bord du fossé, devant les
fleurs, les cierges et les ex-voto, j'aperçois alors, côte
à côte, Marie Martel et Louise Polinière.

On les a placées là, pour les soustraire aux curio-
sités indiscrètes.

Marie Martel est dans l'attitude que j'ai déjà décrite,
le front levé, la bouche mi-ouverte, le visage en
quelque sorte pétrifié. Elle ne parle ni ne bouge.
Toute sa vie se trouve concentrée dans ses yeux.

Louise Polinière, au contraire, récite son chapelet.
Elle ne lève pas la tête. Elle regarde droit devant elle.
Elle est immobile. Mais, pourtant, le mouvement
imperceptible de ses doigts qui égrènent le chapelet,
le geste instinctif qu'elle fait parfois pour replacer
une mèche de cheveux que le vent lui jette sur le
front, prouve qu'elle n'est pas le moins du monde
ravie au monde extérieur — qu'il n'y a rien de cata-
leptique dans son cas.

D'ailleurs, elle entend parfaitement ce qu'on lui
dit, et, deux fois, elle se retourne pour prendre, de
la main d'un assistant, un bouquet, qu'elle pose, parmi
les autres, sur le talus.

Même, je l'entends dire :

— Chantez donc ! Chantez donc !

Il est vrai qu'à ce moment, on lui demande si elle
voit et qu'elle répond qu'elle ne voit rien.

Mais un quart d'heure plus tard, elle annonce que
la Vierge est là.

Il n'y a rien alors de changé dans sa contenance.
Je remarque seulement qu'elle est plus attentive et

qu'elle semble réciter son chapelet plus rapidement.

D'ailleurs, la vision dure peu.

La Vierge est, paraît-il, mécontente de l'attitude de la foule. De fait, il y a de moins en moins de recueillement dans les derniers rangs. Non seulement, un grand nombre de personnes étrangères au pays bavardent tout haut, mais un sergent-major vient de causer un gros scandale, en informant un jeune soldat en permission qui chante avec ses camarades le *Regina cœli*, qu'il préviendra son colonel.

Le propos tenu tout haut, avec une intention évidente d'attirer l'attention, provoque une réprobation générale. Le sergent-major gesticule. Les têtes se retournent. Les voix ne chantent plus à l'unisson. Cinq minutes, le trouble persiste. Enfin, le sous-officier s'éloigne.

Alors, avec une nouvelle ferveur, comme si elle avait voulu se faire pardonner sa distraction, toute l'assistance se remet à chanter.

Mais des heures se passent. L'apparition ne revient pas.

Il est une heure du matin quand je m'en vais. Deux ou trois cents personnes sont encore là. Quelques-unes sont décidées à passer la nuit en prière, malgré le vent qui souffle de plus en plus fort et de plus en plus froid, enrouant les voix et éteignant les cierges...

Le lendemain matin, le père Morel me reconduisit à Audrieu, et je repris le train de Paris.

## II

**Nomenclature des apparitions. — La foule des visionnaires. — Une touchante histoire. — L'Immaculée Conception. — Une population de voyants. — Visions douces. — Visions terribles.**

J'ai tenté, dans le chapitre précédent, d'esquisser la physionomie extérieure des événements qui se déroulent à Tilly, de les peindre par leur côté anecdotique et pittoresque.

Voici maintenant le relevé, aussi exact que possible, contrôlé comme une statistique, de la longue série des apparitions, constatée depuis le 18 mars jusqu'au 1er juin.

Je résume brièvement celles que j'ai décrites déjà.

****

*Mercredi,* 18 *mars* 1896. — A 4 h. 1/4, première apparition, visible de l'école des Sœurs. Soixante témoins. Image de la Vierge Immaculée.

*Mardi,* 24 *mars.* — Même spectacle pendant deux heures.

*Mercredi,* 25 *mars.* — Même apparition. A un certain moment, la Vierge joint les mains.

*Vendredi,* 27 *mars.* — Même apparition. Le côté gauche de la Vierge est taché de rouge.

## L'APPARITION

(d'après un cliché photographique de Leprunier, 53, rue Saint-Malo, à Bayeux).

*Samedi*, 28 *mars*. — L'apparition dure toute l'après midi.

Sept personnes du bourg prient avec les enfants et voient comme elles pendant la récitation de tout le chapelet. La Vierge joint les mains. Tout le monde le remarque au même instant.

*Dimanche*, 29 *mars*. — M^me Duclos et sa nièce M^lle Hélène Régnier, vers 9 heures du matin, voient pendant cinq minutes. De l'école, même apparition que les jours précédents, visible pour toutes les écolières et les Sœurs.

*Lundi*, 30 *mars*. — Même apparition.

*Mardi*, 31 *mars*. — L'apparition est plus brillante que jamais. L'émotion à l'école est indescriptible. On prie. On pleure.

1^er *avril*. — Louise Polinière voit, pour la première fois, la Vierge vêtue de blanc. Ceinture bleue, chapelet au côté, couronne de roses. A ses pieds une petite fille en blanc est agenouillée. Sa robe paraît sale comparée à celle de la Vierge.

*Jeudi saint*, 2 *avril*. — Vision de Zénaïde Brot, agenouillée dans le Champ. Même vision, aperçue à cent mètres de là en même temps.

5 *avril* (*Pâques*). — Louise Polinière voit quatre fois. Une fois la Vierge apparaît avec l'enfant Jésus sur les bras.

6 *avril*. — Louise Polinière voit deux fois.

7 *avril*. — Louise Polinière voit une fois le matin. Le soir, de la cour de la ferme de M^me Travers, MM. Dobert père et Dobert fils, avec douze personnes, voient à leur tour. Ils sont émus jusqu'aux larmes.

*Mercredi*, 8 *avril*. — A 7 heures du matin, vingt-cinq personnes aperçoivent une grande lumière. L'apparition est nuageuse, mais cependant assez distincte pour que l'on voie l'enfant Jésus sur le bras gauche.

Dans l'après-midi, M^me Le Jamtel voit parfaitement de l'école.

Le soir, il y eut un recueillement tout particulier au Champ.

Louise vit mieux que jamais la figure de la Vierge qui souriait d'autant plus que l'on priait davantage. La petite fille dit : « O ma mère, je ne vous avais jamais vue si belle ! »

Le même soir, la vision de M. Eugène Yon.

*Jeudi*, 9 *avril*. — Arcade Noël, de Fontenay-le-Pesnel, étant à la charrue, tombe à genoux et voit. Deux autres ouvriers, prévenus, ne voient plus que le nuage qui entoure l'arbre à la fin de la vision.

Dans la journée l'apparition est vue par M. L..., l'officier ministériel. M^me Le Jamtel et diverses autres personnes réunies dans la cour de M^me Travers l'aperçoivent également.

*Dimanche*, 12 *avril*. — Grande affluence au Champ. Le petit Bailly, infirme jusque-là, se met à marcher.

« Dans la journée, un coiffeur de Caen, M. Damoiseau, qui se trouvait avec une dizaine de personnes dans la cour de la ferme de M^me Travers, d'où l'on aperçoit l'arbre miraculeux, vit parfaitement, ainsi que la plupart de ceux qui étaient là, une statue de la Vierge très brillante.

« L'apparition dura près de cinq minutes. L'effet qu'elle produisit sur les assistants fut tel que tous (ils étaient peu religieux, je l'affirme) se découvrirent et retirèrent leurs cigares de la bouche.

« L'un des asssistants, qui n'apercevait rien, se moqua de ses voisins. « — Je vais vite la trouver, votre statue. » Et il se mit à courir. Il n'avait pas parcouru cent mètres qu'on le voyait tomber à genoux.

« Lui aussi, il avait vu. » (*La Vérité sur les apparitions de Tilly-sur-Seulles, Vic et Amat, éditeurs, Paris.*)

*Lundi*, 13 *avril*. — Grande affluence encore.

Une jeune fille de Saint-Manvieu voit parfaitement la Sainte Vierge. Ceinture bleue. Couronne.

Un jeune homme de Balleroy, Arcade Noël, d'autres encore, tombent à genoux. L'émotion gagne les plus incrédules. Des enfants ont vu toute la soirée.

*Mardi*, 14 *avril*. — Dans l'après-midi, vision de M. Boisard.

Le soir, un voyageur de commerce, M. Therond, de Guéron, près Bayeux, très incrédule, dit : « Si je vois, je crois. » Et il se met à chanter en entendant chanter, par amour seul du chant. Tout à coup, il tombe à genoux et s'écrie : « Je vois ! Pardon, Mère ! » Et il pleure et s'agite tellement qu'on prononce le mot de fou. « Non, dit-il, je ne suis pas fou, mais je vois la Vierge ».

Cela dure deux heures. Il est comme rivé au sol.

A la fin, il voit une couronne qui décrit un cercle dans l'espace et vient se fixer au-dessus de l'arbre, puis s'élève dans les cieux et disparaît.

Il était comme attiré à Tilly où nulle affaire ne l'appelait

D'autres voyants, le même soir, étaient aussi secoués, mais heureux néanmoins.

*Mercredi*, 15 *avril*. — Ce jour-là, on répand de l'eau bénite dans le Champ. On y sème des médailles.

Le soir, Louise Polinière voit seule au milieu de cinq cents personnes.

*Jeudi, 16 avril.* — « Adelina Dupont, de Longrais, affirme que le jeudi 16, vers 10 heures, elle distingua très nettement la Vierge. Elle était revêtue d'une robe blanche semée d'étoiles d'or. Elle portait un diadème avec une pointe cassée. La vision dura quatre ou cinq minutes. Adelina Dupont fut tellement émue qu'elle tomba évanouie. »        (*Moniteur du Calvados.*)

« M. G. H. L..., de Caen, qui désire garder l'anonymat était venu à Tilly pour prier. Une fois, il avait eu le bonheur de voir l'image bénie et il espérait être favorisé d'une nouvelle apparition.

« Son attente fut vaine, mais il eut la chance de se trouver auprès d'une petite fille qui, tombée en extase, invoquait ardemment la Vierge.

« Jeanne Bellanger, tel est le nom de l'enfant, est une pauvre abandonnée qui n'a pour toute richesse qu'une vraie et sincère piété. Elle est recueillie en grande partie par charité par sa vieille nourrice qui est presque aussi malheureuse qu'elle et reçoit pour toute indemnité une faible somme d'argent mensuelle.

« La foi de l'enfant émotionna son voisin.

« Prie beaucoup pour moi, lui dit-il, et si le souhait que je forme se réalise, je reviendrai ici et y ferai une bonne œuvre. »

« Quelques jours plus tard, en effet, M. X... accourait à Tilly. Fidèle à sa promesse, il venait remercier la Vierge qui l'avait exaucé et en même temps accomplir son vœu.

« Pour faire une bonne œuvre, il s'adressa au vénérable curé de la paroisse.

« — J'ai, lui dit le prêtre, parmi mes enfants, une petite fille bien digne d'intérêt. Elle a onze ans et devait faire sa première communion au mois de juin. Elle est recueillie par une vieille femme dans la misère, qui se voit obligée de la renvoyer d'ici quelques jours faute d'argent!

« En vous chargeant de la pauvre abandonnée pendant quelques mois, vous lui permettrez de faire sa première communion et aussi de ne pas mourir de faim. »

« M. L... accepta de grand cœur.

« Mais quelle ne fut pas sa surprise quand il apprit que sa petite protégée n'était autre que Jeanne Bellanger, celle qui avait prié pour lui et par qui son souhait avait été exaucé. » (*La Vérité sur les apparitions de Tilly.*)

*Vendredi, 17 avril.* — M. Boulon, horloger, voit dans la matinée trois fois et une fois le soir. Il est à 80 mètres de l'arbre.

Le soir aussi, un enfant de dix ans, Jean Richard, de Chouain, voit la Vierge Immaculée. Robe blanche. Ceinture bleue. Chapelet. Couronne d'or portant deux majuscules, M. D.

Près de lui un enfant de quatre ans est ravi et finit par pleurer en disant : « Elle est donc partie, la Dame, pour qu'on ne la voie plus ? »

« A dix heures du soir, alors que les fidèles étaient en prières au pied de l'arbre, j'avais près de moi un homme et une femme du pays. Nous parlions ensemble de tous ces prodiges. Mes voisins n'étaient qu'à demi convaincus. Tout à coup, tous deux s'écrient : « Oh! que c'est beau! mais regardez donc! » Je les interroge, ils ne me répondent pas. Quand ils sont revenus de leur stupeur, ils me racontent qu'ils voient, à un endroit qu'ils précisent, la Vierge avec un immense voile en argent, aux reflets brillant comme des diamants. « C'est merveilleux, disent-ils, on ne peut rien voir de plus beau. »

«Je quitte mes visionnaires à une centaine de mètres plus loin, où j'entends les mêmes exclamations : une femme me raconte qu'elle voit absolument les mêmes choses que mes anciens compagnons. » (*Moniteur du Calvados.*)

*Dimanche, 19 avril.* — Sept à huit mille pèlerins.

Dans l'après-midi, M^me Le Jamtel et sa sœur, M^me Aubry, avec plusieurs personnes, voient parfaitement. On pourrait compter les plis du vêtement.

Le soir, M^lle Dubreuil, de Bayeux, et une de ses parentes ont vu la Vierge avec un chapelet dans la main droite, portant l'enfant Jésus sur le bras gauche. Louise Polinière vit la même chose.

« Vers 9 heures 1/2 du soir, plusieurs personnes dignes de foi, notamment M. Jeanne, dit Doublet, de Saint-Louet-sur-Seulles, déclarent avoir aperçu une tête de femme portant un diadème brillant. » (*La Vérité sur les apparitions de Tilly.*)

*Lundi, 20 avril.* — A 10 heures du matin, Alphonse Creuzier, cocher à Sully près Bayeux, voit la Vierge Immaculée, puis la Vierge mère. Personne vivante.

*Mardi 21 avril.* — Revision des jeunes gens. Dissipation. Aucune apparition. Le soir cependant le garde du Champ voit la Sainte Vierge de loin, en retournant chez lui.

*Mercredi, 22 avril.* — Beaucoup voient dans le Champ Inconnus.

*Jeudi, 23 avril.* — M. Delarbre, conseiller d'arrondissement, voit dans la journée la Vierge Immaculée, cheveux châtains, dorés et blonds sur les tempes. Robe blanche.

Même vision par d'autres personnes en même temps.

Le soir, au Champ, M. Delarbre aperçoit une croix taillée, parfaitement lumineuse. En même temps que lui, M. Bouet, de Caen, la voit distinctement. M. Blouet, de Saint-Manvieu, l'aperçoit aussi, mais imparfaitement.

Le même soir, ont vu : Eugène Le Masle, un enfant de Bayeux, le jeune Lecaudey, quatorze ans, et le petit Bellenger, six ans, de Villy-Bocage.

*Vendredi*, 24 *avril*. — M. Hamet, courrier, à 9 h. 1/2 du matin voit un nuage et au milieu une véritable miniature de chapelle.

*Samedi*, 25 *avril*. — M^lle Antoinette Lebailly, âgée de dix-sept ans, prétend avoir vu la Vierge, tenant Jésus dans ses bras.

Une demoiselle Néel qui accompagnait M^lle Lebailly fut témoin de la vision.

*Dimanche*, 26 *avril*. — L'apparition est visible pour la petite Delaunay, de Saint-Vaast, et M^lle Eugénie James, d'Audrieu.

M^me Gourdier, de Bayeux, voit une tête de Christ, les yeux gonflés, en larmes — et est tellement effrayée qu'elle tombe en syncope.

« Le même jour, un individu d'Audrieu, venu à pied à Tilly, en compagnie de sa femme, mécontent sans doute de ne pas être témoin de l'apparition, se met à blasphémer. Tout à coup, la Vierge lui apparut et le malheureux tomba sans pouvoir se relever, comme s'il eût été frappé de paralysie. « C'est une punition du Ciel, » dit-il ; et il fit vœu de se convertir. » (*La Vérité sur les apparitions de Tilly.*)

*Lundi,* 27 *avril.* — Louise Polinière et une dame qui est à ses côtés voient la Vierge Immaculée. Figure vivante. Sur la robe blanche. des fils d'or. La Vierge bénit la foule.

*Mardi,* 28 *avril.* — Apparition pour l'école, — éblouissante.

*Mercredi,* 29 *avril.* — **Première vision de Marie Martel.**

*Jeudi,* 30 *avril.* — « Une réunion de neuf personnes, parmi lesquelles une dame d'Argentan et une de Saint-Lô, résolurent de passer la nuit en prières au pied de l'arbre miraculeux. On alluma des cierges et l'on se mit en prières. Le chant des cantiques, la récitation du chapelet dit avec une extrême ferveur semblèrent d'abord ne pas émouvoir la Vierge. Puis, tout à coup, deux des personnes présentes (la dame de Saint-Lô et sa fille) voient distinctement l'image bénie. A quatre reprises différentes, elles peuvent constater le prodige... » (*La Vérité sur les apparitions de Tilly.*)

Le même jour, une fillette de Saint-Vaast, âgée de six ans, la petite Delaunay, voit pendant plus d'une heure. On lui fait poser diverses questions à la Vierge — et elle assure que la Vierge sourit, fait des signes, mais ne parle pas.

« Le soir du même jour encore, Marie Martel vit la Vierge en Immaculée Conception. Elle avait à ses pieds une banderole sur laquelle étaient écrits ces mots : « Je suis l'Immaculée Conception. » Un chapelet était enroulé autour du bras. Elle était entourée de trois rayons descendant du haut en bas de l'arbre et qui semblaient sortir d'un nuage placé au-dessus de la haie.

« La Vierge était tellement rapprochée de la voyante que celle-ci disait : « Il me semble que si j'osais, je la prendrais ». Sa beauté éblouissait la voyante : « Chantez, chantez, disait celle-ci à la foule. Plus vous chantez, plus elle est heureuse. Tenez, elle se rapproche... elle me sourit... elle me tend les bras. Dieu, qu'elle est belle... » Deux heures se passent ainsi, puis l'ombre arrive. Tout est fini.

« Or, le même jour, plusieurs personnes apercevaient au même moment et fort distinctement les rayons lumineux que décrivit ensuite Marie Martel.

De plus, à cet instant précis, Louise Polinière avait une vision identique qu'elle décrivit *dans les mêmes termes*. Rien, jusqu'à la grandeur des lettres écrites sur la banderole, ne diffère dans le récit des deux jeunes filles. (*Moniteur du Calvados.*)

*Vendredi, 1ᵉʳ mai.* — Apparition vue de l'école, très brillante

« Dans la soirée, une femme de Castillon se trouvait presque à l'extrémité de la foule, du côté opposé à la haie. Cette dame était accompagnée de sa fille. Tout à coup, la mère se répand en larmes : « La voyez-vous ? Qu'elle est belle ! Sainte Vierge, priez pour moi. »

« — Mais, mère, tu souffres, dit, fort inquiète, la jeune fille de la voyante.

« — Oh ! non, mon enfant, c'est de joie que je pleure. Que je regrette que tu ne la voies pas ! ! !

« Compacte était la foule qui précédait la voyante

« — Laissez-moi passer, s'écrie cette dernière.

« Et tout le monde s'écarte avec respect.

« Elle arrive au pied de l'arbre, tombe en prières, mais bientôt l'image s'évanouit. » (*La Vérité sur les apparitions de Tilly*).

*Samedi, 2 mai.* — Apparition vue de l'école. Plus on prie, plus elle est brillante. Comme toujours, d'ailleurs.

Louise Polinière était radieuse, quoique tremblante. L'apparition changeait un peu de place. Louise Polinière jetait de l'eau bénite. La Vierge souriait.

*Dimanche, 3 mai.* — M. Hellier, garde, voit pendant cinq minutes. Il dit que la Vierge est vêtue comme une communiante.

M. Clément, cantonnier, avait déjà vu ainsi.

M. Guérard de Saint-Lô, a vu la Vierge sourire.

A 11 heures du soir, quatorze personnes voient dans l'herbage en pente, qui se trouve de l'autre côté de la haie du Champ, trois boules de feu. La plus grosse semblait traîner les deux autres, toutes les trois montaient en roulant à terre dans la direction de l'ormeau. Quand elles furent près de l'atteindre, la Vierge soudain apparut et les trois globes de feu s'éteignirent subitement en laissant échapper trois petits nuages de fumée.

Diamètre approximatif des boules de feu : 75 à 80 centimètres.

*Jeudi, 7 mai.* — Louise Polinière voit la Vierge Immaculée. Ses yeux bleus lui sourient. Tout près de la Vierge, une chapelle.

*Vendredi, 8, mai.* — Louise Polinière. Même apparition que la veille.

« Le vendredi 8 mai M^lle V... passa toute sa journée à Tilly.

« Elle ne songeait guère à être favorisée d'une apparition quand, vers 9 h. 1/2 du soir, l'image sainte
se présenta à elle. La Vierge se tenait près de l'arbre,
au niveau de la terre. Elle était vêtue d'une robe
blanche avec ceinture bleue, elle avait un long voile.
Sur la tête, elle portait une couronne de roses blanches. Les traits de la figure *étaient très distincts.*
« Tout mon être, dit la visionnaire, fut saisi de ravis-
sement, je contemplai sans crainte et avec bonheur le
visage riant de celle que je crois fermement être la mère
de Dieu. »

« Mais bientôt l'image s'éleva lentement de terre.
Peu à peu, elle monta jusqu'à la cime de l'arbre, puis
elle disparut au milieu d'un nuage.

« L'apparition avait duré une demi-heure.

« — Certes, nous a déclaré la jeune fille, j'ai été très
émue de ce que je voyais. Mais l'impression que
j'ai ressentie et que je ressens encore est tellement
douce que mon plus grand désir est de retourner à
Tilly. »

« Le même jour, M^lle Jeanne Falaise, qui demeure à
Caen, rue des Carmes, fut à Tilly en compagnie de sa
sœur et d'une dame X..., riche propriétaire de Saint-
André-de-Fontenay.

« Or, elle vit la Vierge pendant plus d'une heure. Elle
était si jolie qu'elle voulut se précipiter vers elle. On
la retint. D'un coup de pied elle se débarrassa de ses
voisins, mais elle ne put rien saisir.

« L'impression de bonheur qu'elle ressentit fut telle
qu'on ne peut lui en parler sans que les larmes lui
viennent aux yeux.

« Pendant l'apparition, une petite fille âgée de dix
ans, qui se tenait près de Jeanne Falaise, voyait les
mêmes phénomènes qu'elle.

« Et même Jeanne ne voyait plus depuis un certain

temps que l'enfant avait toujours l'image devant les yeux.

« — Puisque tu vois, lui dit-on, demande-lui donc ce qu'elle veut.

« — Elle ne veut rien, répondit-elle, car elle répond *non de la tête.*

« — Es-tu bien sûr que c'est la Vierge, lui dit-on encore ?

« — Certes, oui, car sa ceinture bleue flotte comme si elle était agitée par le vent. Elle a en outre les pieds posés sur une corbeille de roses. » (*Moniteur du Calvados.*)

*Samedi, 9 mai.* — M<sup>lle</sup> Fauvarque, du département du Nord, voit pendant quatre heures. La foule reste autour d'elle et récite des chapelets.

Une autre dame de l'Eure voit aussi très distinctement la Vierge sur un trône.

« Le samedi 9 mai, M. Lemarchand, concierge au n° 44 de la rue des Carmes, à Caen, se rendait avec un ami à Tilly.

« Il passa plusieurs heures devant l'arbre miraculeux au milieu de groupes qui chantaient des cantiques. Le soir, vers 10 h. 1/2, il se sentit *comme poussé* (c'est lui qui parle) à diriger ses regards d'un certain côté.

« Il aperçut d'abord un nuage assez vague qui s'éclaira progressivement ; une forme se dessina peu à peu au centre de ce nuage, dans un mélange de couleur bleue et blanche ; finalement, d'une façon absolument distincte, il vit la Vierge vêtue d'une robe blanche et d'un long voile bleu. Les traits de la figure *étaient très indécis.*

« — J'étais, déclare M. Lemarchand, comme fasciné par ce que je voyais. Je ne pouvais détacher mes yeux de l'apparition. J'avais néanmoins conservé toute ma

présence d'esprit. J'engageai mon ami à  regarder au
même endroit que moi : mais peine perdue, il ne put
rien voir.

« A diverses reprises, je me suis déplacé de cinquante centimètres ou d'un mètre au plus pour faire
place à mon compagnon qui se mettait exactement au
même endroit que moi; mais, alors que je continuais
à voir, lui, n'apercevait absolument rien.

« Je fus très ému, me dit en  terminant M. Lemarchand; mais, loin d'être effrayé par  ce que je voyais,
j'éprouvais une impression très agréable. »

« La vision dura une demi-heure.

« M. Lemarchand est un homme digne  de foi, qui
est loin  d'être fanatique au point de vue religieux.
Son témoignage doit  être pris en sérieuse considéra-
tion. » (*Moniteur du Calvados.*)

*Dimanche*, 10 *mai*. — Henri Gautier, peintre à Gran-
ville, à 5 heures du soir, voit  la  Sainte Vierge, les
bras étendus. Il y a  six  apparitions successives,  de
dix minutes chacune. Plus on prie, plus elles son bril-
lantes. A la cinquième, Henri  Gautier voit  un Christ
tellement douloureux qu'il se met à pleurer à chaudes
larmes.

M^me Pierre Desobeaux, de Hottot,  voit aussi  la
Sainte Vierge ; à ses pieds est une banderole portant
ces mots : « Je suis la reine des Cieux. »

L'apparition dure de sept à huit minutes.

Au même moment, à 1.000 mètres de là, M^me Tesson,
de Caen, avait la même vision. Ces deux personnes ne
se connaissaient point.

Le même dimanche, M^lle Fauvarque, de Lille, a vu
la Vierge, puis un crucifix.

*Lundi*, 11 *mai*. — Le soir, M. Le Van voit la
Vierge sous l'aspect d'une communiante.

Henri Gautier et M^{me} Desobeaux voient également après avoir longtemps prié.

*Mardi, 12 mai.* — M^{lle} Fauvarque revoit encore la Vierge. Voici le récit qu'elle a fait à M. H. Le Boulanger, auteur de *Notes et Recherches sur les apparitions de Tilly* :

« Depuis un instant, j'étais en prières au milieu de cent cinquante à deux cents personnes qui chantaient. Tout à coup je voulus me relever. J'aperçus distinctement, à côté de l'arbre et à gauche, une statue de Vierge, les épaules couvertes d'un manteau bleu et une couronne d'or sur la tête. J'appelai mon frère qui était à quelques pas, mais lui ne vit rien. Une personne que je ne connais pas, étant étrangère au pays, me prit par le bras et me força de changer de place, pour voir si la vision disparaîtrait; mais je voyais toujours. Cette nuit-là, je l'ai vue à six reprises différentes. »

*Jeudi, 14 mai* (Ascension). — Quatre-vingts personnes, de 7 h. 1/2 à 8 h. 1/2 voient un calvaire lumineux au milieu d'un nuage qui projette à la fin ses rayons sur une Vierge Immaculée. Le Calvaire avait sa base le long de l'arbre. Trois cents autres personnes présentes n'ont vu que le nuage.

Le soir, une personne de Fontenay a vu une tête sanglante.

« Léontine Onfroy est une jeune personne de quinze ans, grande et forte pour son âge. Étant en place à Caen, elle vint voir son père et sa mère qui habitent Fontenay-le-Pesnel. Le jeudi 14 mai, elle partait de chez eux pour venir au lieu de l'apparition. Elle fit la rencontre du digne prêtre du pays qui lui souhaita de voir la Vierge. Ce souhait fut exaucé. Après une après midi de prières, et vers 8 heures du soir, la fillette fut favorisée de l'apparition.

« Cette jeune personne fut tellement surprise qu'elle se trouva mal. C'est un fervent catholique de Fontenay, M. Raymond Bilheux qui vint me chercher pour constater le fait et en prendre note.

« Je partis. Je pus encore constater sur Léontine Onfroy l'émotion produite par la vision. Je la trouvai au milieu de cinq cents personnes plus ou moins avides de curiosité, mais nullement inquiètes de son sort qui réellement me fit pitié, quoique je ne sois pas trop sensible. Je parvins, non sans peine, à trouver une chaise, et la fis asseoir. Je lui parlai et elle me répondit avec une peine visible.

« Remise un peu, voici ce qu'elle me dit, non sans fondre en larmes :

« — Voilà quinze jours, j'étais venue voir la Vierge, je n'ai rien vu. J'ai demandé congé pour aujourd'hui à ma patronne et je suis venue à Tilly, accompagnée de mes parents. Fatigués, nous étions prêts à repartir ; je décidai, non sans peine, ma mère à faire un dernier tour au champ de M. Lepetit. Nous revînmes enfin à l'endroit qui m'attirait tant. A peine étais-je arrivée que je vis une forme humaine descendre d'un nuage rose : c'était la Vierge habillée tout de blanc, les deux bras étendus comme pour nous appeler à elle. J'ai surtout remarqué son air content et heureux.

« — Mais, lui dis-je, Mademoiselle, elle ne vous a pas parlé ?

« — Non, monsieur. J'étais tellement troublée que je n'ai pas songé à l'interroger.

« — Mais enfin, repris-je encore, vous vous imaginez peut-être cette vision ?

« — Oh ! non, Monsieur, c'est impossible, je l'ai vue me tendre les bras ; il n'y a pas moyen de douter. Je reviendrai à Tilly, car je la reverrai, j'en suis convaincue.

« C'est avec foi que je reçois cette déposition ; mais ce qui me la confirme, c'est l'apparition suivante survenue au même moment à des gens qui ne s'y attendaient pas.

« Arsène Mofras, habitant de Lassy, canton de Condé-sur-Noireau, vint à Tilly, comme beaucoup d'autres, avec le désir de voir la Vierge, tout en faisant un voyage d'agrément. Après une journée bien remplie, il parla à ses compagnons de voyage de s'en retourner On se fit tirer l'oreille, on hésita.

« — Oh! dit l'un, restons encore un peu.

« — Bah! répondit l'autre, allons-nous-en, elle ne veut pas se montrer à nous.

« Ils se mirent en voyage. Mais une fois engagés sur la route de Tilly à Caen, à deux kilomètres du champ sacré, à un endroit appelé les Ormelets, ils se retournèrent, et que virent-ils?

« Un nuage rose sur lequel semblait glisser une femme habillée tout de blanc, les bras ouverts comme voulant les appeler. Vite ces braves gens revinrent sur leurs pas, et c'est tout hors d'haleine qu'ils m'ont raconté ce que vous venez de lire.

« Ceci se passait à l'heure exacte où Léontine Onfroy avait sa vision. Ces gens ne se connaissaient pas, et à 2.000 mètres de distance eurent une vision semblable.

« C'est au moins incompréhensible!

« A la même heure et à quelque distance, un jeune homme de Tilly, Alexandre Bourdon, tonnelier, était sur l'herbe en train de vider quelques verres de cidre avec plusieurs camarades. Ils s'entretenaient gaiement des apparitions.

« Alexandre Bourdon se lève tout à coup en s'écriant :

« — Mais regardez donc, je la vois, là, distinctement.

« Et de sa main, il désigne l'endroit miraculeux.

(*Notes et Recherches sur les apparitions de Tilly.*)

*Samedi*, 16 *mai*. — Une belle apparition.

*Dimanche*, 17 *mai*. — A 2 heures de l'après-midi, une dame de Caen a vu parfaitement la Sainte Vierge.

*Mardi*, 19 *mai*. — M^me Dèpré, de Martray-sur-Chaux, voit la Vierge à 1 mètre environ au-dessus du sol.

Même apparition, constatée par un jardinier de Tilly et M^me Françoise Le Vieux.

*Vendredi*, 22 *mai*. — Marie Martel voit pendant plus d'une demi-heure. C'est sa dix-neuvième vision.

*Dimanche*, 24 *mai* (Pentecôte). — Marie Martel et Louise Polinière commencent à voir, quand leur vision est troublée par le défaut de recueillement des assistants. L'apparition s'évanouit ; elle ne revient pas.

*Jeudi*, 28 *mai*. — Marie Martel a une extase qui dure de vingt-cinq à trente minutes. Un savant prêtre se livre sur elle à des expériences fort curieuses. Sa conclusion est qu'il n'y a en aucune façon, catalepsie, ni hypnose, mais bien vision.

*Vendredi*, 29 *mai*. — Louise Polinière dit son chapelet devant l'arbre. A la deuxième dizaine, la Vierge lui apparaît, vêtue d'une robe blanche, ceinture bleue flottant au vent. A ses pieds, est une petite fille, cos-

tumée en communiante, et tenant un gros cierge à la
main.

— J'ai vu le temps que j'ai récité six chapelets, déclare Louise. Ah! si vous saviez comme je suis con-
tente, je ne croyais plus la revoir!

*Samedi, 30 mai.* — Marie Martel voit.

*Dimanche, 31 mai.* — Plusieurs personnes voient,
notamment M. X..., de Saint-Lô, et la petite Blanche
Gabriel. La Vierge est vêtue de blanc, et tend les
mains. La vision a duré deux heures.

*Lundi, 1er juin.* — Louise Polinière et Marie Martel
voient, à quelques minutes d'intervalle, la même apparition. La Vierge a des rayons dans les mains. Elle
s'anime, et répond aux questions par des sourires ou
des mouvements de tête.


*<br>**

Depuis le 1er juin, les apparitions continuent.

Si besoin est, je les enregistrerai dans une prochaine
édition.

Mais je crois que les personnes qui voudraient ra-
tiociner sur ces phénomènes extraordinaires, trouve-
ront, dans la liste qu'elles viennent de parcourir, une
documentation suffisamment copieuse et précise, pour
établir la base de leur raisonnement.

## III

**Les apparitions de Tilly sont-elles subjectives ou objectives? — Les explications des malins. — L'affichage céleste. — L'hypothèse du clergé. — Un duel.**

Je publierai, s'il y a lieu, dans un prochain fascicule, toutes les explications plausibles qu'on voudra bien m'adresser sur les phénomènes dont on vient de lire la description et la nomenclature, comme j'ai publié les opinions diverses que j'ai pu recueillir sur la Voyante de la rue de Paradis.

Mais d'ores et déjà me sera-t-il permis, sinon de tenter de résoudre le problème, du moins d'essayer d'en débrouiller l'énoncé?

Tout d'abord, à mon sens, il y a un point à élucider : les apparitions sont-elles imaginaires ou réelles? Sont-elles, pour employer deux affreux mots très à la mode, *subjectives* ou *objectives?*

Tous les témoins sans exception sont persuadés que ce qu'ils ont vu avait une existence positive, extérieure à eux, manifestement.

Mais ces témoins, dont la bonne foi ne peut être mise en doute, — de toutes les dépositions, je n'ai retenues que les plus sûres — ne sont-ils pas, à leur insu, les dupes d'une hallucination?

Cela n'est, certes, pas douteux pour un certain nombre. Les visions de Marie Martel, par exemple, m'ont paru présenter tous les caractères de pures hallucinations. L'anesthésie du sujet son état de

quasi-catalepsie pendant l'extase permettent du moins
de supposer avec quelque vraisemblance que ces
visions peuvent se ramener à de simples phénomènes
de somnambulisme. Un savant prêtre, depuis mon
départ de Tilly, a renouvelé sur Marie Martel les expériences que j'avais tentées. Il les a même poussées
infiniment plus loin que moi. Le jeudi 28 mai, en
effet, Marie Martel étant en extase, ce prêtre, dit la
*Vérité*, sans souci d'aucun ménagement, produisit tout
à coup une incandescence de magnésium sous les
yeux mêmes de la voyante. Telle est, on le sait, l'in-
tensité de cette flamme que les yeux de personne ne
peuvent en soutenir l'éclat, et que les paupières se
ferment instinctivement, pour se soustraire à
l'éblouissement. Cependant le regard de Marie Martel
ne fut nullement impressionné de cette interposition
factice entre elle et la vision ; il demeura fixe, immobile, toujours attaché au même point.

Et le prêtre de déclarer qu'il est obligé, non sans
satisfaction, de renoncer à l'hypothèse d'une hallucination.

Il me semble que cette conclusion est, au moins
inattendue. A ma jugeotte, l'expérience, bien loin de
prouver l'existence positive de l'apparition, démon-
trerait plutôt qu'elle n'était qu'une simple image, sans
réalité extérieure.

Elle confirme, en tout cas, que, lorsqu'elle *voit*, Marie
Martel est dans un état pathologique anormal.

Et, pour ma part, je persiste à placer les visions de
cette jeune fille, dans la catégorie de celles dont l'*objectivité* reste douteuse.

Je rangerai volontiers dans la même catégorie une
foule d'autres visions isolées, disparates, dues cer-
tainement à la suggestion.

Mais si large qu'on fasse la part de la contagion,

est impossible d'admettre que tout un village, qu'une foule de plus de quinze cents personnes, — car à l'heure actuelle plus de quinze cents personnes ont *vu* — ne soit composée que d'hallucinés.

La petite Polinière, par exemple, a été examinée par cinq médecins. Ils l'ont trouvée absolument indemne de toute tare physiologique. Pas d'hystérie, pas d'épilepsie, rien. J'ai décrit assez longuement son attitude pendant les apparitions, justement pour qu'on pût l'opposer à celle de Marie Martel. Autant on a, en voyant la première, l'impression que ce qu'elle aperçoit est extérieur, autant, au contraire, on a, en examinant la seconde, la sensation que ce qu'elle aperçoit n'est qu'intérieur. L'une reste elle-même, l'autre cesse de l'être.

Cependant, bon prince, je ferai encore aux incrédules, s'ils y tiennent, cette concession que Louise Polinière, elle-même, n'est que le jouet d'une illusion.

Et je dirai que l'*objectivité* de ses visions n'est pas encore suffisamment démontrée.

Mais, cela dit, je demande qu'on m'explique comment il peut se faire que, au moment où Louise *voit*, d'autres personnes voient, au même endroit, la même chose qu'elle.

Hallucinations collectives, dira-t-on. C'est une définition, ce n'est pas une explication. Pourtant, j'admets que, comme certains médiums, Louise dégage je ne sais quel fluide, je ne sais quelle force psychique qui impose en quelque sorte à certaines personnes douées d'une impressionnabilité spéciale, les impressions qu'elle ressent elle-même.

Je veux bien admettre encore que, lorsque l'apparition évanouie, ces personnes se confient leurs sensations, il s'opère une sorte de suggestion entre elles qui fait qu'elles croient *concordantes* les visions qui pourraient n'être que *simultanées*.

Mais il est des cas où telles hypothèses, quelque bonne volonté qu'on y mette, ne sont plus plausibles.

Rappelez-vous ce que je vous ai dit des apparitions de l'école des Sœurs. Soixante enfants criant d'une même voix, au même instant : « Notre bonne mère joint les mains! » et les joignant immédiatement, comme sur un signe de la Vierge elle-même.

Il ne s'agit plus là d'un détail imprécis de l'attitude, du sourire, que l'une a remarqué et que, lorsqu'on en parle, l'autre croit avoir remarqué en même temps ; d'une forme ou d'une teinte de vêtement, que celle-ci a cru blanc, et celle-là grisâtre, mais que, finalement, toutes deux s'accordent à trouver de couleur bise.

Il s'agit là d'un fait, d'un geste, bien net, dont les enfants et les sœurs n'ont pas cherché, après coup, à déterminer le dessin et l'ampleur, de manière à compléter les unes par les autres, les impressions individuelles. Il s'agit là d'un mouvement très caractérisé, que soixante personnes ont vu, à la même seconde, et que, d'instinct, instantanément, toutes ensemble, ont répété.

Peut-on croire, dans ces conditions, à soixante hallucinations collectives, et à ce point concordantes et simultanées ?

Mêmes réflexions s'imposent à propos de l'apparition que M. L..., officier ministériel, M^{me} Le Jamtel, et diverses autres personnes, qui n'étaient pas des enfants, mais des hommes mûrs, virent au même instant, de la cour de la ferme de M^{me} Travers, tourner la tête de droite à gauche.

Faut-il déduire de cette discussion, que l'objectivité, tout au moins d'une partie des apparitions, est définitivement démontrée?

Je me garderai bien de poser une conclusion aussi formelle.

Si, en effet, ces apparitions étaient objectives, ce ne serait plus seulement quelques personnes, ou même le plus grand nombre des personnes présentes qui les apercevraient, ce seraient tous les assistants sans exception.

Or, on le sait, il n'en va pas ainsi. Il y a souvent, parmi ceux qui *voient*, de moins favorisés, qui ne voient qu'un nuage, une lueur, sans distinguer aucun contour précis, et d'autres qui ne voient rien.

Arrêtons-nous un peu sur cette constatation.

On a voulu, tout d'abord, donner aux apparitions une cause purement naturelle et matérielle.

Elles sont l'effet, prétendaient les malins, de la réverbération du soleil sur des monceaux de verre jetés en tas dans une carrière. Les monceaux de verre, dit M. Le Boulanger dans sa brochure, existent en effet, mais le champ où est l'arbre miraculeux se trouve à plus de 400 mètres à gauche.

D'ailleurs, l'hypothèse, ou toute autre analogue, tomba d'elle-même, quand, aux apparitions diurnes, succédèrent les apparitions nocturnes.

Les malins dirent alors : ce sont les lueurs des fours à chaux de Fontenay-le-Pesnel, qui se reflètent dans les nuages.

Encore une erreur, redit M. Le Boulanger, les fours à chaux se trouvent sur la droite et à plus de 3.000 mètres de distance.

D'ailleurs, l'hypothèse ne subsista pas plus que la

première : les plus belles apparitions ayant eu lieu certains jours où il n'y avait pas un nuage dans le ciel.

Les malins ne se tinrent pas pour battus.

Ce que vous prenez pour une apparition, dirent-ils aux voyants, c'est le reflet du soleil ou de la lune dans les vitres d'une maison située dans la direction de vos regards.

Troisième erreur, affirme de nouveau M. Le Boulanger : il n'y a pas de maison.

Les malins émirent une dernière supposition :

C'est un mystificateur qui, au moyen d'un appareil plus ou moins perfectionné, envoie des projections lumineuses sur l'ormeau.

Quatrième erreur, aurait pu dire enfin M. Le Boulanger, car les projections lumineuses feraient dans la nuit une traînée de rayons, qui permettrait de découvrir la cachette du mystificateur.

D'ailleurs, ces projections lumineuses ne seraient possibles qu'à condition de rencontrer un corps matériel, qui pût servir d'écran.

A moins que, depuis Villiers de l'Isle-Adam, qui en eut un jour l'idée, un grand physicien anonyme ait rendu praticable l'*affichage céleste*.

Mais mieux encore que les constatations de M. Le Boulanger, ce qui prouve que les apparitions n'ont pas une cause physique — ou naturelle, ou artificielle — du genre de celles que je viens d'énumérer, c'est que, s'il en était ainsi, tout le monde, sauf les aveugles ou les myopes, les apercevraient sans difficulté.

Et nous arrivons à cette conclusion déconcertante :

Tout semble prouver que les visions, abstraction faite des visions dues à la contagion, ne sont pas subjectives, et tout semble en même temps prouver qu'elles ne sont pas objectives.

Comment sortir de là? Comment concilier cette double proposition contradictoire?

C'est ici que nous touchons au vif du sujet. L'antinomie, à mon sens, peut se résoudre de cette façon : Les apparitions sont objectives en ce sens qu'elles sont dues à une *force* extérieure au sujet, et *subjectives* en ce sens que cette force n'agit sur le sujet que comme si elle n'émanait que de lui-même. En d'autres termes, les apparitions ne sont que des *images*, sans réalité extérieure, produite par le cerveau des visionnaires subissant inconsciemment l'influence d'un agent étranger dont la nature est à déterminer.

Quelle est la nature de cet agent? Tel est, selon moi, le problème dont, comme je l'ai dit, je n'ai voulu que débrouiller l'énoncé.

Il est probable que les solutions les plus diverses seront données.

Mais dores et déjà l'une est connue. Elle n'a pas été, il est vrai, formulée officiellement. C'est la solution théologique. En voici un aperçu.

Ce n'est pas, je vous en préviens, l'opinion personnelle de M. le curé-doyen de Tilly, puisqu'il m'a fait promettre de ne rien rapporter de notre conversation, en ce qui concerne l'explication des faits. C'est l'opinion générale des ecclésiastiques du diocèse, qui ont étudié la question.

Pour eux, déduction faite des visions dues à la suggestion on a des états pathologiques spéciaux, il faut distinguer parmi les apparitions, celles qui sont d'essence divine, et les autres.

Ce n'est pas, en effet, vous le savez, la Vierge seulement qu'on a aperçue près de l'ormeau miraculeux. Le jour de l'Ascension, par exemple, une personne de Fontenay a vu une tête sanglante. Le 3 mai, quatorze personnes ont vu trois boules de feu qui se sont éteintes subitement, quand la Vierge apparut.

— On eût dit, me déclara l'un des prêtres que j'ai interrogés, qu'il y avait ce jour-là comme une lutte entre les deux puissances, céleste et infernale.

Et cette phrase résume, au fond, l'impression du clergé local :

Il y a, à Tilly, une sorte de duel engagé entre le surnaturel divin et le surnaturel diabolique.

Or apercevez-vous, dès maintenant, ce qu'il peut y avoir de commun entre les visionnaires de Tilly et la Voyante de la rue de Paradis?

## IV

**Le rapport de M. le chanoine Brettes. — C'est le diable ! — Le surnaturel divin et le surnaturel diabolique. — Un rapprochement.**

J'aurais voulu reproduire ici le rapport très ingénieux, très spirituel, très élevé aussi, que M. le chanoine Brettes a présenté à la Société des Sciences psychiques, au nom de la troisième Commission, chargée de déterminer la *nature* de l'influence à laquelle obéit M<sup>lle</sup> Couédon. Je ne puis que le résumer.

M. le chanoine Brettes a subdivisé la question posée en trois autres :

1º La clairvoyance de M<sup>lle</sup> Couédon provient-elle d'une hyperexcitation d'une faculté naturelle encore inconnue à la science.

2° Provient-elle d'une inspiration divine ?

3° Provient-elle d'une inspiration diabolique ?

Sur le premier point, M. le chanoine Brettes ne doute pas que la science n'arrive à expliquer, d'une façon toute naturelle, un grand nombre des faits de clairvoyance attribués à Mlle Couédon, mais il croit, par contre, que la science ne les expliquera pas tous. Il cite quelques-uns de ces faits : ce sont des faits en contradiction avec des lois physiques, dès maintenant connues.

Sur le second point, le rapporteur est très affirmatif : « Non, dit-il, l'esprit qui anime la Voyante de la rue de Paradis n'est pas un esprit céleste. Ce n'est pas l'Ange Gabriel. »

Très longuement, M. le chanoine Brettes déduit les arguments qui l'ont amené à cette conclusion. Est-il vraisemblable que l'Ange Gabriel, qui n'est apparu qu'une seule fois à la Vierge Marie, soit, jour et nuit, depuis des mois, à la disposition de Mlle Couédon ? qu'il se laisse *rouler* — le mot est dans le rapport — par le premier venu, lui posant une question insidieuse ? Qu'il parle avec une désinvolture qui frise l'irrespect, de Mgr Richard, du Pape même, etc., etc.

Toute cette partie du travail de M. le chanoine Brettes, semée de pointes et de mots, a fort amusé l'auditoire. J'ai ri, comme les autres. Mais, réflexion faite, j'ai trouvé toutes ces plaisanteries, comment dirai-je... un peu *voltairiennes*. On me comprend.

Nous voici arrivés à la troisième question :

Y a-t-il inspiration diabolique ?

La Commission n'ose dire carrément : oui. Elle prend un détour. Elle dit :

« Si l'hypothèse de l'inspiration diabolique était

admise, elle s'accorderait avec les vraisemblances, et elle expliquerait tous les phénomènes produits. »

Diabolique, en effet, le transfert du don de M^me Orsat à M^lle Couédon ;

Diabolique, cette exigence du *vousoiement* imposé aux auditeurs que « l'Ange », lui, tutoie ;

Diaboliques, les réponses de ce goût. — « Que pensez-vous du *Labarum*? — C'est une œuvre qui n'a pas de durée... Il ne faut pas s'en occuper. »

Diabolique encore, le fait de ne pas formellement désapprouver le duel ;

Diabolique enfin, l'insistance à recommander les sacrements, sans jamais parler de la contrition.

Et si vous admettez, continue le rapporteur, que M^lle Couédon est inspirée par l'esprit des ténèbres, quoi de plus facile à expliquer que ses prophéties, tantôt justes, tantôt fausses, que ses lectures de pensées, que sa divination du présent et du passé. Le démon, en effet, connaît les lois de l'Univers que nous ne connaissons pas encore. Etant données telles causes, il peut, presque à coup sûr, en déduire les effets, — sauf, cependant, lorsqu'ils dépendent, dans une certaine mesure, du libre arbitre humain. Et encore, dans ce cas-là, tant d'hommes obéissent à leur nature sensible, à leurs passions, que le démon peut prévoir souvent nombre de leurs actes !...

Donc, sinon pour la Commission tout entière, du moins pour M. le chanoine Brettes, il est évident — malgré les réticences dont le rapporteur entoure cette conclusion — que l'esprit qui inspire M^lle Couédon est un esprit diabolique.

Mais M^lle Couédon n'est pas cependant une possédée vulgaire.

Elle a une mission. Quelle est cette mission ?

Avant de répondre à cette quatrième question qui dépasse un peu les limites des recherches ordinaires auxquelles s'adonne la Société des Sciences psychiques, M. le chanoine Brettes prend des précautions oratoires.

Il déclare que ce qu'il va dire n'engage que lui.

Puis il distingue, dans M<sup>lle</sup> Couédon, la jeune fille et la Voyante.

La jeune fille est en dehors du débat. Il rend hommage, d'ailleurs, à toutes ses qualités privées.

— Mais, ajoute-t-il, la Voyante nous appartient.

Et voici ce qu'il pense de son rôle dans le monde :

— Rappelez-vous ce passage du *Dies iræ*, dit-il : *Teste David cum sibylla:*... C'est l'Eglise qui prend ainsi solennellement à témoin la sibylle, la prophétesse païenne... Dieu, en effet, a voulu, dans sa miséricorde, que ceux qui le nient, fussent prévenus parfois des événements futurs, pour qu'ils pussent user, en connaissance de cause, de leur liberté. Mais les païens ne peuvent être prévenus par les prophètes de Dieu, puisqu'ils ne s'adressent pas à eux. Et Dieu a permis qu'ils le fussent par leurs oracles. C'est ainsi que la venue du Christ a été annoncée à tous les peuples. M<sup>lle</sup> Couédon joue dans le monde païen d'aujourd'hui le rôle des sibylles dans le monde païen d'autrefois. C'est Lucifer qui parle par sa bouche, mais c'est Dieu qui l'a voulu ainsi, parce que Lucifer pouvait seul être entendu de ceux qui ne reconnaissent pas la loi du Christ...

La Société des Sciences psychiques, après avoir applaudi chaleureusement la lecture de ce rapport, n'a pas voulu, cependant, en adopter toutes les conclusions. Elle s'est contentée — il eût été étrange en effet, que la portion laïque de cette Société prît partie

dans une question de pure théologie — de voter cet
ordre du jour, un peu plus pusillanime : « S'il y a, en
M^lle Couédon, intervention d'un esprit étranger, il
n'est pas divin. »

Mais — et c'est là surtout pourquoi j'ai tenu à résumer la substance du remarquable travail de M. le
chanoine Brettes — vous avez reconnu que sa thèse
était, en tous points, conforme à celle que, sous la
dictée d'un savant prêtre, une des plus hautes intelli-
gences du clergé de Paris, qui ne m'avait pas autorisé
à le nommer, j'ai exposée dans le dernier chapitre du
précédent fascicule.

Je n'inventai donc rien.

Ceci bien établi, reportez-vous, je vous prie, au
texte même de cet exposé.

Et voyez si ce qui est déduit à propos de M^lle Couédon ne s'applique pas avec autant de justesse aux événements de Tilly. Je cite au hasard :

« A travers les temps, depuis la chute de Lucifer,
depuis le Paradis terrestre, la grande lutte entre le
Ciel et les Ténèbres s'est prolongée sur les deux flancs
de l'Humanité Libre... Elle est aujourd'hui arrivée
au paroxysme. »

Est-ce que le duel engagé à Tilly, aux dires du
clergé du diocèse, entre le surnaturel divin et le surnaturel diabolique, n'est pas une des dernières phases
de cette lutte ?

Je n'insiste pas. Qu'on relise avec attention la con-
sultation du savant théologien. Elle explique les apparitions de Tilly comme elle explique la clairvoyance
de M^lle Couédon.

Là-bas, dans le décor pittoresque, que j'ai tenté de
décrire, comme à Paris, dans le modeste appartement
de la Voyante, il y a une lutte, il y a un débat, il y a

un duel engagé. Là, comme ici, le surnaturel divin se rencontre avec le surnaturel diabolique...

Et, d'ailleurs, comment expliquerait-on que Mlle Couédon ait pu prédire les apparitions de la Vierge sur les bords de la Seulles, si *l'influence*, pour employer à dessein un mot général et vague, qui la domine, n'était pas la même que celle qui se manifeste à Tilly !

Mais je ne veux pas, moi, profane, développer ce point délicat. Je l'indique seulement.

Aussi bien, entre les apparitions de Tilly et la Voyante de la rue de Paradis, y a-t-il nombre d'autres rapprochements à faire — et ceux-là, non plus seulement, en les déduisant d'hypothèses, mais en les démontrant par des faits.

Ce sera, en partie, le sujet du prochain fascicule. J'ose espérer qu'il ne manquera pas d'imprévu.

GASTON MÉRY.


P.-S. Je prie les personnes qui m'ont fait l'honneur de m'écrire, pour me demander ou pour m'offrir des renseignements, et qui n'auraient pas encore reçu de réponse, de vouloir bien m'excuser. Leur tour viendra. J'ai actuellement plus de quinze cents lettres en retard, et je ne m'y reconnaîtrais plus, si je ne procédais par ordre.

G. M.

www.ingramcontent.com/pod-product-compliance
Lightning Source LLC
LaVergne TN
LVHW022330170726
843503LV00006B/2795